AQUECIMENTO GLOBAL
NÃO DÁ RIMA COM LEGAL

César Obeid

Escritor, educador, contador de histórias, cozinheiro e poeta. Nascido em São Paulo, capital, publicou dezenas de livros para crianças e jovens. Pela editora Moderna publicou vários livros da coleção "Saber em Cordel", além dos títulos *O cachorro do menino*, *No país das bexigas*, *Meu pai é o cara*, *Sou indígena e sou criança*, *Minhas rimas de cordel*, entre outros.
Site do autor: *www.cesarobeid.com.br*

Ilustrações: Luciano Tasso

2ª edição
São Paulo, 2017

© CÉSAR OBEID, 2017
1ª EDIÇÃO, 2008

EDIÇÃO DE TEXTO	Lisabeth Bansi, Patrícia Capano Sanchez
COORDENAÇÃO DE EDIÇÃO DE ARTE	Camila Fiorenza
DIAGRAMAÇÃO	Isabela Jordani
ILUSTRAÇÕES DE CAPA E MIOLO	Luciano Tasso
COORDENAÇÃO DE REVISÃO	Elaine Cristina del Nero
REVISÃO	Andrea Ortiz
COORDENAÇÃO DE *BUREAU*	Rubens M. Rodrigues
PRÉ-IMPRESSÃO	Alexandre Petreca
COORDENAÇÃO DE PRODUÇÃO INDUSTRIAL	Andrea Quintas dos Santos
IMPRESSÃO E ACABAMENTO	A.S. Pereira Gráfica e Editora EIRELI
LOTE	797268 - Código 12104702

Dados Internacionais de Catalogação na Publicação (CIP)
(Câmara Brasileira do Livro, SP, Brasil)

Obeid, César
   Aquecimento global não dá rima com legal /
César Obeid. – 2. ed. – São Paulo: Moderna, 2017. –
(Coleção saber em cordel)

   ISBN 978-85-16-10470-2

   1. Aquecimento global 2. Literatura de cordel - Brasil
I. Título. II. Série

16-04578   CDD-398.20981

Índice para catálogo sistemático:
  1. Aquecimento global: Literatura de cordel 398.20981

EDITORA MODERNA LTDA.
Rua Padre Adelino, 758 – Belenzinho
São Paulo/SP – Brasil – CEP 03303-904
Vendas e atendimento: Tel. (11) 2790-1300
www.modernaliteratura.com.br
2025
Impresso no Brasil

DE ACORDO COM AS NOVAS NORMAS ORTOGRÁFICAS

Meus sinceros agradecimentos a Milsa Tassi,
pelo apadrinhamento do livro.
A Ricardo Fernandes Lopes, pelo incentivo dado à palestra inicial.
Maluh Barciotte, pelo prefácio e leitura crítica.
A toda a equipe da Editora Moderna, especialmente a Beth Bansi,
pelas sugestões de alterações dos versos.
E meu profundo agradecimento a Renata Perez, pelo imensurável
apoio em todos os momentos do trabalho e da vida.
Sem vocês, a realização deste livro não seria
possível. Muito obrigado!

Eu dedico este livro a todas as pessoas que não
temem as mudanças.

9 ANOS DEPOIS... ❧

Passaram-se nove anos após a publicação da primeira edição do livro *Aquecimento global não dá rima com legal*. Desde o seu lançamento, em 2008, o livro continua sendo um sucesso. Foram milhares e milhares de exemplares vendidos. Em diversas reimpressões, centenas de escolas públicas e particulares levaram o seu conteúdo para as salas de aula, e milhares de alunos, por todo o Brasil, aprenderam brincando com os poemas e as informações preciosas que estão no livro.

Durante esses anos, muita coisa mudou no nosso planeta. A questão ambiental, que já era importante, tornou-se assunto de primeira urgência. A escassez da água em algumas regiões do país, que já dava seus primeiros sinais na década passada, hoje é uma realidade. Como também já é perceptível o aumento da temperatura em diversas partes do país e do mundo, trazendo consequências irreversíveis para a população.

Nesta segunda edição, além da atualização das informações, foi acrescentado conteúdo sobre o desmatamento da Floresta Amazônica, que continua (infelizmente) a acontecer; além de dados sobre bioconstrução e agricultura orgânica.

Também algo de positivo aconteceu nesses últimos anos: a consciência ambiental tornou-se uma realidade. Não apenas discursamos sobre a necessidade de preservarmos nossas riquezas naturais, mas um número crescente de pessoas trabalha sem parar para que nossa mãe-Terra possa sempre nos prover com toda sua fartura e beleza.

Espero que você, leitor, junte-se ao nosso time, dos que realmente realizam ações práticas para um planeta melhor, hoje e sempre.

Somos parte da natureza, não dá mais para pensarmos como seres separados da grandeza da nossa mãe-Terra, que sempre nos dá tudo o que precisamos para viver.

Boa leitura e boas ações.

APRESENTAÇÃO

Este lindo livro me encantou desde o início e é um prazer recepcionar a todos nesta aventura de surpresas e de desafios com um tema – *aquecimento global* – e um tipo de abordagem – *cordel* – tão sensíveis e especiais.

Um livro novo que chega às nossas mãos é sempre um novo amigo em potencial e, como todo novo amigo, traz em si imensas possibilidades de descobertas e riquezas. E este livro fala de um novo mundo! De um mundo de grandes transformações e de alguns problemas, mas também de grandes oportunidades.

Oportunidade de sermos diferentes. Oportunidade de cuidarmos melhor do que temos – do nosso planeta, da nossa cidade, da nossa casa. Oportunidade de aprendermos mais sobre as causas e as consequências de assuntos tão comentados, mas ao mesmo tempo tão pouco explicados nos jornais e na TV.

E também oportunidade de percebermos como o nosso consumo diário, que parece ser um problema tão e só nosso, na realidade é um problema de toda a sociedade e de toda a humanidade. Toda ação diária, principalmente dentro do padrão de consumo e desperdício que temos hoje, tem um impacto na natureza e na sociedade, isso nós não podemos negar!

Mas será que devemos ser tão descuidados a ponto de colocarmos a vida humana e a vida em geral em risco por conta desse nosso descuido e dessa nossa despreocupação com as causas e as consequências das nossas ações?

O planeta Terra está com febre! E o que fazemos quando temos febre? Tomamos apenas um remédio para diminuir a temperatura e pronto?

Xiiii!!!! Isso pode não dar muito certo!

Quando temos febre e um médico cuidadoso nos atende, ele busca descobrir a causa da nossa doença e assim resolver o problema na sua origem, não apenas receitando um antitérmico que acabe com a febre e nos deixe falsamente com a ilusão de que saramos.

É isso aí! A Terra está com febre – o aquecimento global é uma realidade. E agora, como vamos proceder? Está em nossas mãos fazer de conta que os problemas não existem ou agir, aprendendo sobre as causas e buscando resolvê-las, como um bom médico faria no seu trabalho.

Acredito muito que estamos começando a refletir e a agir. Já estamos entendendo que o mundo que teremos amanhã é o mundo que decidirmos construir hoje. Parece claro também que só com boas e verdadeiras informações seremos capazes de escolher este mundo, isto é, de

sabermos o que é melhor para a gente, para a natureza e para a vida em geral. E por último cada vez fica mais claro que a coerência é fundamental. Não basta falar! É preciso agir todos os dias de acordo com aquilo que acreditamos e aprendemos.

E POR QUE ENTÃO UM LIVRO EM CORDEL COM TODAS ESSAS NOVAS INFORMAÇÕES?

Porque no cordel as palavras são como crianças brincando em um parque de diversões. Elas escorregam, tropeçam nas rimas e, quando deslizam pela nossa boca, viram diversão e alegria. E todos nós sabemos que as coisas funcionam melhor quando são divertidas!

E também quando são alegres e amorosas, como a vida de todos nós – adultos, jovens e crianças – deveria ser. E como o futuro que vamos construir juntos será se aprendermos a lição que Gandhi nos deixou quando disse: "Nós devemos ser a mudança que queremos ver no mundo".

Assim me sinto muito feliz por iniciar esta aventura do aprender com vocês e com o César – grande parceiro que vive produzindo diversão, alegria e conhecimento nos caminhos que percorre.

Vamos juntos aprender a refletir, agir e trocar experiências com nossos amigos, pais e professores, cuidando com carinho do maior presente que podemos almejar: um mundo e um futuro saudáveis e sustentáveis!

Boa leitura e um excelente futuro para todos nós!

Maluh Barciotte
(bióloga especialista em meio ambiente)

AQUECIMENTO GLOBAL: O QUE É ISSO?

Quando falamos em aquecimento global, logo nos lembramos das variações bruscas de temperatura ou das geleiras derretidas de algum lugar lá do Polo Norte ou do Polo Sul. Também nos lembramos de ursos polares, pinguins, furacões e tempestades que acontecem em algum lugar bem longe do Brasil. Ah, Brasil! Como é diferente por aqui! Não temos terremotos, ursos polares ou ciclones... Gelo por aqui? Só nas geladeiras. Para que eu vou me preocupar com este tema? Eu nunca vi um pinguim, nenhum amigo meu viu uma calota polar (calota é um nome lindo, não?) e minha professora não é esquimó! Então, o que eu tenho a ver com tudo isso?

Acreditem, caros leitores, que, em menor ou maior grau, todos nós estamos envolvidos com o meio ambiente, e não importa a idade, a cor, a cidade natal, o sobrenome, nada disso! Todos produzimos impactos ambientais.

Vou dar um exemplo... No meu tempo de escola ninguém falava nesta tal de "coleta seletiva". A relação das pessoas com o lixo, na maior parte das vezes, era mais ou menos assim: todo mundo acumulava papeizinhos, plastiquinhos, pregos enferrujados, brinquedos que ninguém mais queria, cascas de banana, pão velho (minha mãe ensinava que para jogar o pão tinha que beijá-lo antes. "É uma forma de respeito ao nosso alimento", dizia ela), restos de comida e tantas outras coisas. Cada membro da família jogava o que tinha sido descartado em cestos menores distribuídos pela casa e nos dias em que o lixeiro passava estava tudo reunido dentro de um único recipiente, o imponente saco preto. Alguém o colocava para fora (eu odiava essa tarefa, pois não raramente vazava um liquidozinho que sujava os dedinhos do meu pé... Que aflição!). Pronto! Problema do lixo resolvido, todos estávamos com a consciência tranquila. E assim foi durante toda minha infância, adolescência e começo da vida adulta. Comecei a mudar de atitude quando assisti a uma palestra sobre a reciclagem do lixo. Vi diversos vídeos, depoimentos de catadores, qual era o caminho do lixo etc. Fiquei impressionado com tamanha realidade diante dos meus olhos. Soube que se eu jogar um copo plástico no lixo normal, ele nunca será reciclado e teremos que utilizar mais recursos naturais para produzir outro copo. E o resultado dessa palestra é que, desde então, eu faço a coleta seletiva. E é claro, sempre que possível oriento os familiares e amigos para fazerem o mesmo. O legal é que muita gente gosta de aprender coisas novas e faz um esforço para mudar seus velhos hábitos, sentindo orgulho de cumprir seu "papel" na sociedade.

Neste livro, vocês vão encontrar muitas informações importantes a respeito do aquecimento global e das atitudes que você deve ter em relação ao meio ambiente. Vão conhecer também a literatura de cordel, uma forma de poesia bem brasileira, e a xilogravura digital, inspirada em uma antiga técnica de gravação.

Boa leitura, amigos!

ABERTURA

OITAVAS

Aquecimento global,
Apresento em cordel,
Na função de menestrel
Vim armar a minha rima.
Vou dizer todas as causas
E também as consequências
Pra mostrar as turbulências
Das mudanças desse clima.

Não nos resta a menor dúvida
De que estamos aquecidos
Pelos gases emitidos
De uma forma mais insana
Que aumenta o efeito estufa
E qual é o resultado?
O planeta é abafado
Por ações da mão humana.

Efeito estufa: Parte da energia solar que atinge a atmosfera é refletida e volta para o espaço. Outra parte atravessa a atmosfera e atinge a superfície terrestre, aquecendo-a. O modo de vida moderno potencializa esse fenômeno por meio de gases lançados diariamente no espaço, causando o aumento da espessura da camada atmosférica e uma retenção de calor muito maior do que o natural.

Esse tal aquecimento
Não é nada natural,
É vida artificial
Que nós todos praticamos.
Deu-se na Revolução
Industrial seu início,
Até hoje o sacrifício
Da mãe-Terra nós pagamos.

A Revolução Industrial, iniciada na Inglaterra na segunda metade do século XVIII, foi um conjunto de mudanças tecnológicas que causou um grande impacto na sociedade. A principal inovação tecnológica foi a utilização da máquina a vapor para ativar as máquinas têxteis, antes movidas manualmente. Foi o início da queima de grandes quantidades de carvão para aquecer a água e gerar vapor.

Observe que, quanto maior a espessura da camada atmosférica, maior é a retenção de calor.

VOCÊ SABIA que a temperatura do planeta aumentou aproximadamente 0,8 grau centígrado no último século?

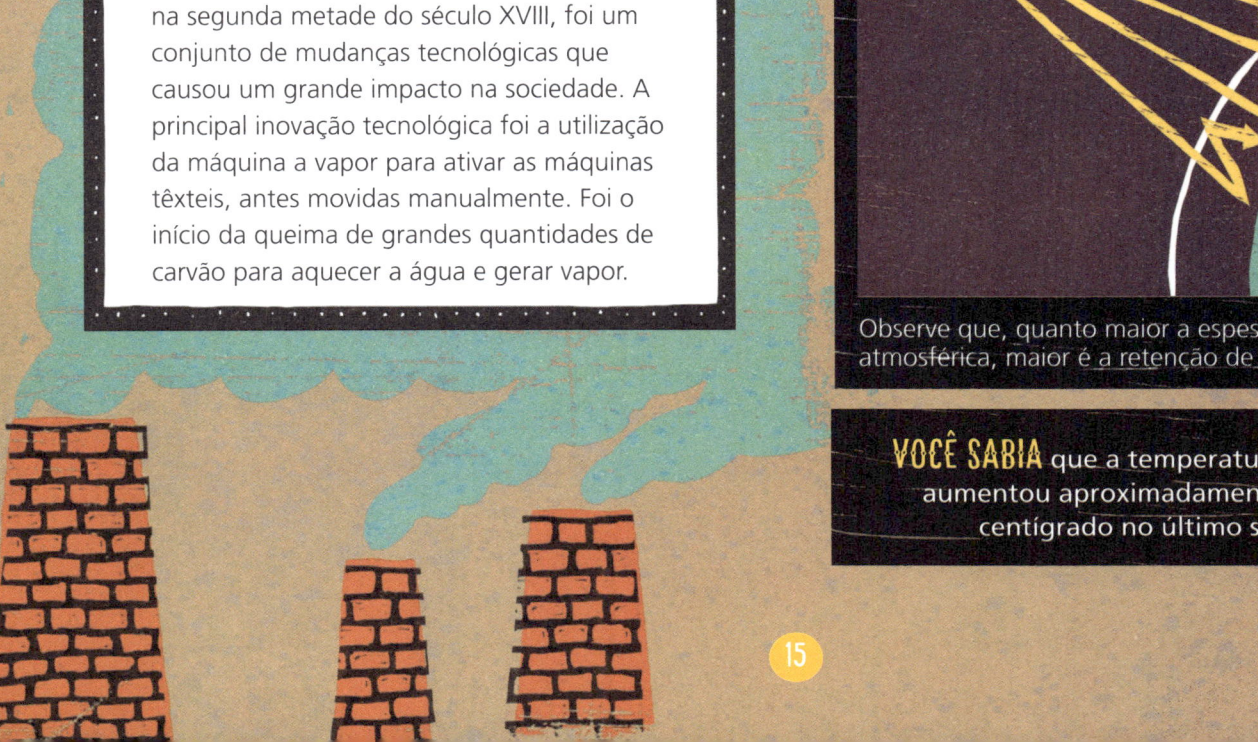

Se as tecnologias
Que usamos só poluem,
Então elas contribuem
Pra aumentar nosso conflito
Entre a mãe-Terra e o homem,
A mãe grita pro seu filho:
– *Se você quer ter mais brilho,*
Deixe o planeta bonito.

Quanto mais gente na Terra,
É preciso mais comida
Para a Terra dar mais vida
Para nos alimentar.
Mais pressão sobre o planeta,
Mais recursos se consomem
E o que será do homem
Se o consumo não mudar?

POPULAÇÃO MUNDIAL NA HISTÓRIA

Fonte: ONU

Bilhões de habitantes

anos

VOCÊ SABIA que a China possui quase 20% da população mundial? São cerca de 1 bilhão e 300 milhões de habitantes.

A população mundial demorou milhares e milhares de anos para chegar a 1 bilhão de habitantes, mas em pouco mais de 200 anos passou dos 7 bilhões. A previsão da população mundial para o ano de 2050 é de mais de 9 bilhões de habitantes. Será impossível alimentar e ter água disponível para todas as pessoas se os mesmos padrões atuais de consumo forem mantidos. Você sabe quantos habitantes tem a sua cidade? E o seu estado?

CAUSAS

São diversos esses gases
Que provocam aquecimento:
Gás carbônico é o primeiro
Desse quadro violento,
O metano e outros mais,
Se produzidos demais
Pra mãe-Terra é um sofrimento.

O planeta é aquecido
Pelos gases liberados
E o efeito estufa gera
Desastrosos resultados,
Gases presos no espaço,
Ser humano em embaraço
Por seus atos impensados.

Combustíveis fósseis geram
A energia que usamos:
O petróleo e o carvão
Que nós tanto exploramos,
Fontes que não se renovam
E os desastres nos comprovam
A que ponto nós chegamos.

E o que causa a emissão
Desses gases violentos?
As queimadas das florestas
Que só causam sofrimentos,
As indústrias e os veículos,
Somos mesmo tão ridículos
Poluindo nossos ventos.

Gás carbônico dos carros,
Aviões e caminhões,
Pois os meios de transporte
Geram muitas emissões,
Se não dá pra viver sem,
Para o mundo viver bem
Penso sempre em reduções.

Combustíveis fósseis: A decomposição de plantas, animais e microrganismos, acumulados por milhões de anos, gerou estes combustíveis orgânicos: carvão, petróleo e gás natural. Tem sido deles nossa maior dependência para gerar energia. O meio mais eficiente para combater o aquecimento global é reduzir o consumo desses combustíveis. Pense em alguns produtos que você utiliza no seu dia a dia que utilizam esse tipo de matéria-prima.

VOCÊ SABIA que a maior contribuição do Brasil na emissão de gases de efeito estufa provém das queimadas e dos desmatamentos, principalmente na Amazônia?

DESMATAMENTOS E QUEIMADAS

SEXTILHAS

Por que há muitas queimadas?
Já parou para pensar?
Pro plantio de soja e milho
E também pro boi pastar.
Se assim permanecer
Poucas árvores vão sobrar.

Pecuária já destrói
Toda biodiversidade
E a floresta lentamente
Vai perdendo a qualidade,
Transformando-se em savana
E ferindo a liberdade.

As queimadas têm ocorrido principalmente para a limpeza da terra com o objetivo de criar ou manter pasto para o gado ou campos agrícolas (plantação de soja e milho). Também ocorrem muitos incêndios acidentais nas florestas. Que espécies de animais e plantas vivem na floresta?

Pra fazer a conta é simples,
Vou gastar só um momento:
Quanto mais há pecuária,
Maior é o desmatamento,
CO_2 na atmosfera,
Resultado é o sofrimento.

PROCURE SABER QUAIS SÃO AS DIFERENÇAS ENTRE SAVANA E FLORESTA.

VOCÊ SABE por que ao cortarmos as árvores das florestas a quantidade de gás carbônico na atmosfera aumenta?

Como o boi é um ruminante,
Gás metano ele libera,
Mais nocivo que o carbônico,
Prejudica a atmosfera
E o desastre do metano
É tão rápido, não espera.

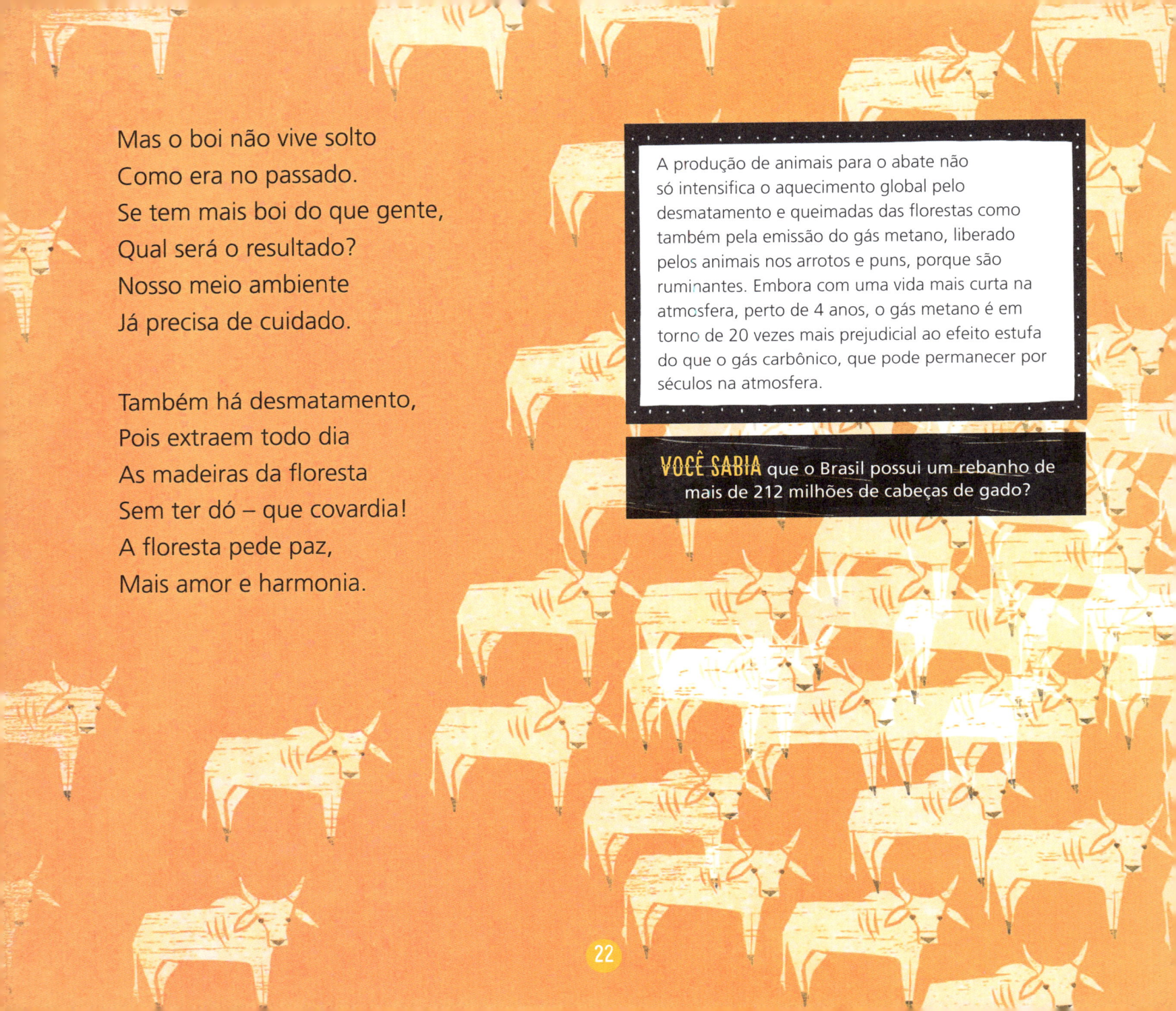

Mas o boi não vive solto
Como era no passado.
Se tem mais boi do que gente,
Qual será o resultado?
Nosso meio ambiente
Já precisa de cuidado.

Também há desmatamento,
Pois extraem todo dia
As madeiras da floresta
Sem ter dó – que covardia!
A floresta pede paz,
Mais amor e harmonia.

A produção de animais para o abate não só intensifica o aquecimento global pelo desmatamento e queimadas das florestas como também pela emissão do gás metano, liberado pelos animais nos arrotos e puns, porque são ruminantes. Embora com uma vida mais curta na atmosfera, perto de 4 anos, o gás metano é em torno de 20 vezes mais prejudicial ao efeito estufa do que o gás carbônico, que pode permanecer por séculos na atmosfera.

VOCÊ SABIA que o Brasil possui um rebanho de mais de 212 milhões de cabeças de gado?

Veja nos mapas as áreas já desmatadas do Brasil.

Até 1960

1960-2000

Área desmatada

Fonte: FERREIRA, Maria da Graça Lemos. *Atlas geográfico espaço mundial.* 4 ed. São Paulo: Moderna, 2013, p. 124.

VOCÊ SABIA que só restam aproximadamente 8,5% da Mata Atlântica original, de acordo com os dados da Fundação SOS Mata Atlântica?

A destruição da mata vegetal pode ocorrer em qualquer floresta do mundo e também em outros tipos de vegetação, como cerrado, caatinga ou pampa, para abrir espaço para as atividades agropecuárias, para a construção de usinas de energia ou mesmo para o transporte.

E NA AMAZÔNIA

Sextilhas

O verde da Amazônia
Já está sendo tingido
Com a cor da destruição,
Um planeta agredido,
A floresta está gritando,
Mas quem é que dá ouvido?

Povos nativos que têm
Suas terras invadidas,
Suas árvores derrubadas,
Suas águas poluídas,
Seus saberes massacrados,
Suas vidas destruídas.

A redução do consumo da carne que provém da Amazônia, desmatada para criação de gado, é uma atitude consciente que fará bem para a saúde do planeta. Por outro lado, a inclusão de ampla variedade de grãos, sementes, frutas e vegetais frescos nas refeições também é uma ótima escolha no campo nutricional e, consequentemente, da saúde.

VOCÊ SABIA que as terras indígenas são as grandes responsáveis por manter a Floresta Amazônica em pé? Observe o mapa e veja como a destruição — que provém de madeireiras e mineradoras ilegais, atividades relacionadas à criação de gado e plantio de soja e milho para alimentar os animais — se concentra ao redor das áreas que foram demarcadas para preservar os saberes tradicionais dos povos nativos.

Fonte: FILHO, Arnaldo Carneiro; SOUZA, Oswaldo Braga. *Atlas de Pressões e Ameaças às terras indígenas na Amazônia Brasileira*. São Paulo: Instituto Socioambiental, 2009.

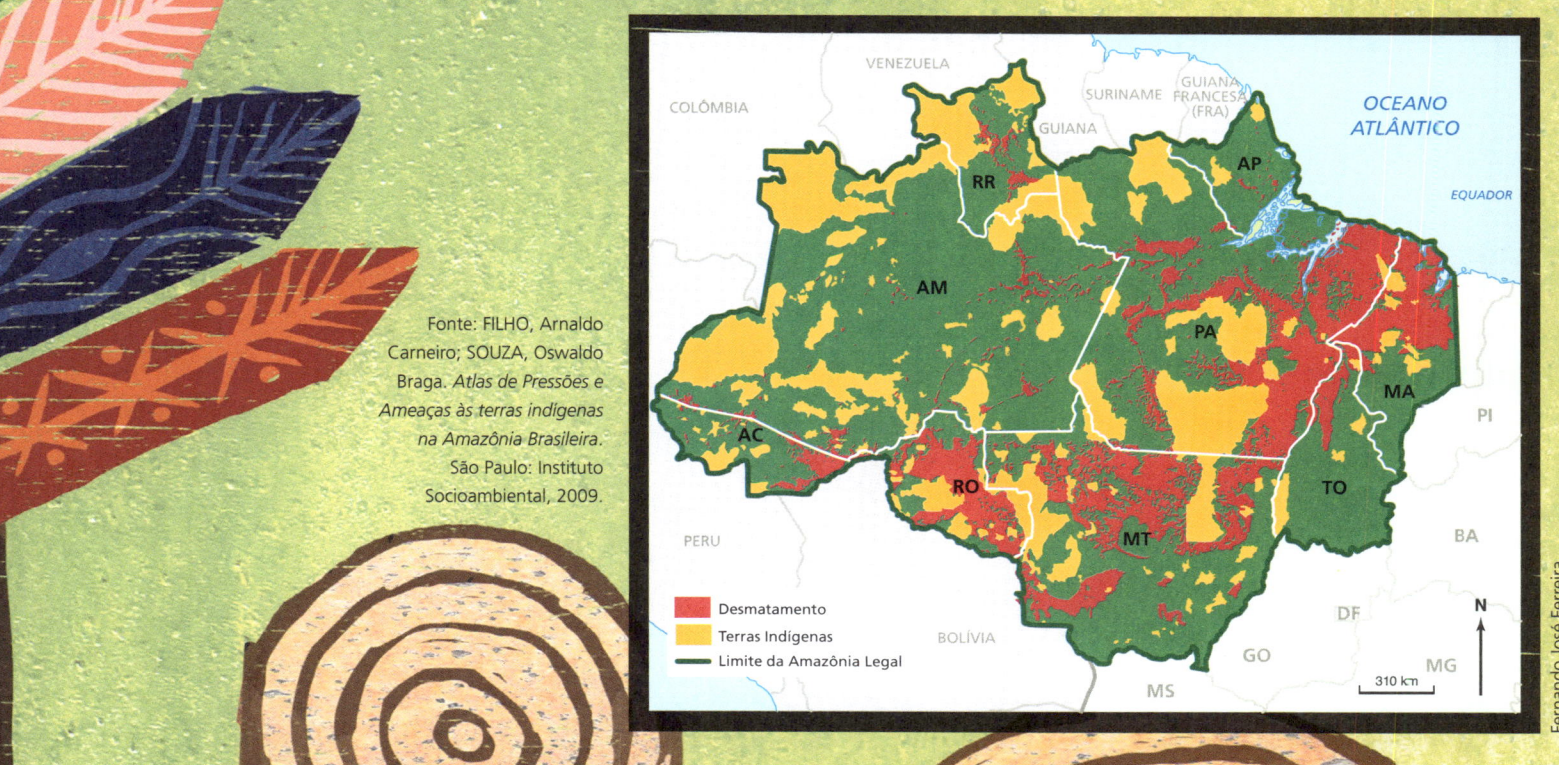

Fernando José Ferreira

CONSEQUÊNCIAS

SEXTILHAS

O efeito estufa gera
Mais calor e sofrimentos,
Tempestades nos desertos,
Secas e deslizamentos,
As enchentes e ciclones
Cada vez mais violentos.

Os degelos das geleiras,
As florestas reduzidas,
Furacões mais tempestivos,
Destruindo muitas vidas,
Os verões ficam sem brisas,
Consequências sem medidas.

O aquecimento global aumenta a frequência, a duração e a intensidade dos furacões. Os cientistas acreditavam que não poderiam ocorrer furacões no Atlântico Sul, mas eles mudaram de opinião quando, em 2004, pela primeira vez no Brasil, um furacão causou muitos estragos nos estados de Santa Catarina e Rio Grande do Sul. Você sabe qual a diferença entre tufão, furacão e ciclone?

As previsões científicas revelam que as calotas polares do Ártico e da Groenlândia podem sumir completamente em algumas décadas. Ártico e Groenlândia: você sabe onde ficam?

Se as geleiras derreterem,
Sobe o nível do oceano,
Um desastre irreversível
Se aproxima a cada ano
E salvar nosso planeta
Já faz parte do seu plano?

Se o mar subir demais,
Muitas áreas alagadas,
Animais serão extintos,
Outros tantos, sem moradas
E as pessoas dessas áreas
Terão que ser deslocadas.

As doenças transmitidas
Por mosquitos crescerão,
Como a dengue e a malária
E outras tantas que virão.
Desse jeito a saúde
Sempre vai na contramão.

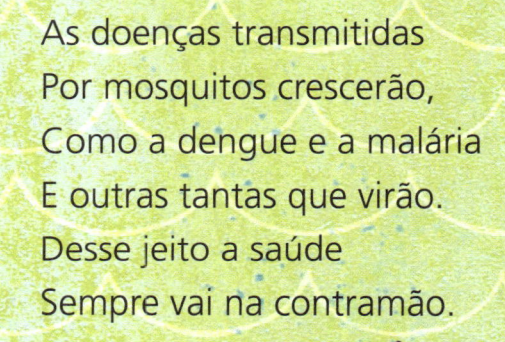

Se as calotas polares derreterem, em algumas décadas o nível dos oceanos pode subir até seis metros. Isso causaria o desaparecimento de muitas cidades litorâneas por todo o mundo.
Com o aumento da temperatura global do planeta, os mosquitos se deslocam para altitudes mais elevadas, atingindo novas áreas. Você sabe quais são as outras doenças transmitidas por mosquitos?

Se a vida que levamos,
Muitos gases já libera
E esses gases ficam presos
Por anos na atmosfera,
A mudança é necessária:
O planeta não espera.

Nos últimos anos o Brasil está em estado de alerta com o crescente número de contaminações por meio dos vírus da dengue, zika e chikungunya, transmitidos pelo mosquito *Aedes aegypti*.
Claro que devemos tomar todas as precauções necessárias para que o mosquito não se desenvolva, mas sem nos esquecer de que o aumento da temperatura também favorece o aparecimento de insetos.

VOCÊ SABIA que os holandeses, conhecedores dos perigos da elevação do nível do mar, já estão projetando e construindo casas flutuantes, pois sabem que o mar poderá invadir as cidades litorâneas?

SOLUÇÕES GERAIS

SEXTILHAS

Não podemos mais agir
Como sendo tudo assim:
Os recursos naturais
Como fontes sem ter fim:
Menos lixos, menos gases,
Bem mais flores no jardim.

Combustíveis fósseis sempre
Precisamos reduzir,
Novas tecnologias
já precisam então surgir,
Bem mais limpas, renováveis
Pra mãe-Terra já sorrir.

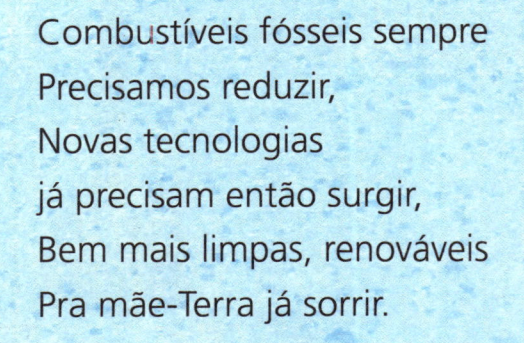

> As tecnologias energéticas chamadas "novas" são soluções que minimizam os impactos ambientais em substituição aos combustíveis fósseis.
> Um modo de vida sustentável une o desenvolvimento econômico à preservação dos recursos naturais. Pense em algumas outras definições para a palavra *sustentabilidade*.

> O maior erro do ser humano é acreditar que os recursos naturais são infinitos. Cometemos esse erro com a Amazônia e o resultado está aí: boa parte de sua área total já foi completamente devastada.

Podem vir então do Sol,
Ou das águas ou dos ventos,
Ou então dos vegetais,
Que não causam sofrimentos.
O planeta está pedindo
Uma vida sem tormentos.

A sustentabilidade
Unida à preservação
Dos recursos naturais
Sob qualquer condição
É futuro garantido
Pra futura geração.

> A energia que provém do Sol chama-se "solar". Você sabe como são chamadas as energias geradas a partir da água, dos ventos e dos vegetais? E por que elas não são tão utilizadas já que são menos agressivas ao meio ambiente?

Pois se fossem bem cumpridas
Nossas leis ambientais,
O planeta poderia
Não andar mais para trás,
Mas a lei só no papel
Nada pode e nada faz.

Porém muito já foi feito
Pra mudar essa questão –
Protocolo de Kyoto –
Assinado no Japão
E a COP 21
Que obriga a redução.

O protocolo de Kyoto é um tratado internacional que tem a intenção de reduzir as emissões de gases de efeito estufa de alguns países. Em Kyoto surgiram os *Créditos de Carbono* ou MDL (Mecanismo de Desenvolvimento Limpo), que preveem para países desenvolvidos a possibilidade de financiar projetos em países em desenvolvimento para compensar as emissões. Por exemplo, uma indústria com sede na Europa que tenha dificuldade em reduzir as suas emissões pode financiar a transformação de um lixão em um aterro no Brasil.

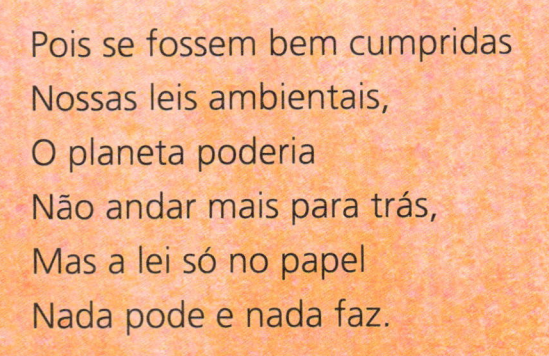

O planeta em que vivemos
Também tem que respirar,
É por isso que devemos
Com carinho preservar,
Mas nós temos que agir,
Não dá mais só pra falar!

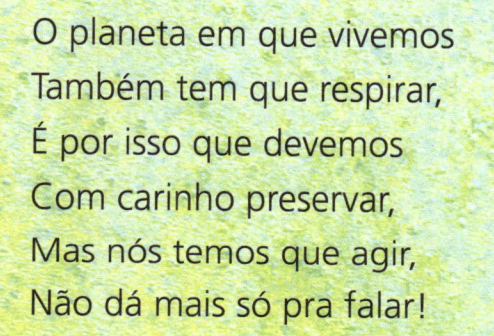

A legislação socioambiental brasileira é uma das mais completas do mundo, porém falta implantá-la. Depois disso suas leis precisam ser corretamente fiscalizadas.

A COP 21, conferência da Organização das Nações Unidas (ONU) sobre mudança climática, realizada em 2015, em Paris, teve por objetivo, em acordo assinado entre os países, manter o aquecimento global abaixo de 2 °C.

SOLUÇÕES UM POUCO MAIS PRÓXIMAS

SEXTILHAS

Se mais pessoas utilizassem meios de transporte coletivos, a emissão de gases estufa seria reduzida. Podemos praticar a carona compartilhada. Você já tinha pensado nisso?

Projetar novos veículos
Sempre com eficiência,
Instalar painéis solares
Cada vez com mais frequência,
Melhorar transporte público
Que a mudança tem urgência.

Se as construções também
De casas e edifícios
Fossem mais inteligentes,
Reduzindo desperdícios,
Só assim nós pouparíamos,
Da mãe-Terra os sacrifícios.

As fontes energéticas que vêm de matérias-primas vegetais são mais limpas, como o etanol, biocombustível produzido principalmente a partir da cana-de-açúcar, mas também de outras plantas, como milho, beterraba e mandioca. Porém, para esse tipo de produção são necessárias grandes áreas de plantio. A chamada monocultura também é prejudicial ao meio ambiente, pois esgota o solo rapidamente, reduz a biodiversidade e diminui os empregos nas áreas rurais. Por isso, é importante sempre pensar na redução do consumo de qualquer fonte energética, tendo em vista que as agressões ao ambiente sempre existem.

Se desligarmos da tomada os aparelhos eletrônicos que estão no modo *stand-by*, já estaremos contribuindo para a saúde do planeta, porque mesmo nesse modo eles consomem eletricidade. Agora pense em alguns desperdícios que fazemos no nosso dia a dia e como podemos mudar esse hábito nada saudável.

Para levantar paredes
Há dezenas de opções:
Com cimento é uma delas,
Mas há velhas tradições
Com bambu, barro e palha
Que são ótimas soluções.

Um veículo híbrido, movido a gasolina e eletricidade, pode rodar 20 quilômetros com apenas 1 litro de gasolina. Procure descobrir quantos litros de gasolina por quilômetro rodado consome o carro da sua família ou de alguma pessoa conhecida.

Bioconstrução é o termo utilizado para se referir a métodos de construção em que há a preocupação em causar o menor impacto ambiental possível. Por exemplo, paredes são levantadas utilizando-se métodos antigos, como a taipa de pilão e pau a pique (barro) e outros mais recentes, como o *superadobe* (terra ensacada).

Os painéis solares, quando instalados nas residências e empresas, geram água quente sem agredir o meio ambiente. O investimento inicial é ainda um pouco elevado, mas tende a diminuir com o aumento de sua utilização. Hoje em dia também há diversas opções de painéis solares feitos com materiais alternativos: garrafas *pet*, sucatas etc. Toda criatividade é bem-vinda para preservarmos os recursos naturais, que são finitos.

As construções inteligentes usam, por exemplo, sistema de reúso de água da chuva para regar o jardim e lavar a calçada. O que mais poderia ter numa casa inteligente para contribuir com a redução dos gases de efeito estufa?

Se possível plante árvores
Que são lindas, fortes, puras,
Se puder, faça uma horta
Com temperos e verduras,
Pois comida com agrotóxico
Só é fonte de amarguras.

Cuide bem da nossa água,
Nosso bem primordial.
Desperdício é loucura,
Seja em banho ou no quintal
E informe a todo mundo
Que mudar é essencial.

Alimentos orgânicos são produzidos com respeito ao nosso planeta e aos seres humanos. No processo de plantio não são utilizados produtos químicos que possam prejudicar a nossa saúde. Nesse sistema produtivo, caso seja necessário combater insetos ou pragas na plantação, utilizam-se somente produtos naturais. Mesmo sendo mais caros, sempre vale a pena comprar produtos orgânicos. Se o consumo desse tipo de alimento aumentar, consequentemente o preço vai cair e vamos reduzir bastante a emissão de veneno no corpo da mãe-Terra.

Ao plantar árvores estamos contribuindo para a neutralização do gás carbônico emitido. Você sabe como funciona esse processo?

VOCÊ SABIA que aproximadamente 74% da água do Brasil se concentra na região amazônica?

A superfície do planeta Terra é composta de aproximadamente 75% de água, no entanto apenas 2,5% dessa água é doce. E dessa pequena parcela de água doce mais da metade não está disponível para o nosso consumo. De acordo com o relatório da ONU (Organização das Nações Unidas), mais de 1 bilhão de pessoas (18% da população mundial) não têm acesso ao mínimo de água potável. Será que na sua cidade todas as pessoas têm acesso a água potável? Faça uma lista de tudo que você, sua família, sua escola e seus amigos podem fazer para reduzir o uso da água e divulgue para todo mundo.

CONSUMO CONSCIENTE

SEXTILHAS

Seguem já algumas dicas
Do consumo consciente:
Pense antes de comprar
Sem temer o diferente,
Que impacto o produto
Gera no meio ambiente?

O bom é ter preferência
Por produtos mais duráveis,
E se for possível evite
Os produtos descartáveis,
Valorize e divulgue
As empresas responsáveis.

Sempre evite os produtos
Com excesso de embalagem,
Mesmo sendo lixo limpo
Com possível reciclagem,
O melhor é nem comprar.
Pra mudar, basta coragem.

Você já reparou quantos produtos e embalagens você compra e joga fora no mesmo dia? Procure fazer o "caminho" desse lixo do momento da compra até o seu destino final.

Compre sempre os produtos
Feitos em sua região:
Menos custos de transporte,
Também menos combustão,
A mãe-Terra mais feliz
Com a sua decisão.

Nós sabemos que o mundo
Desperdiça sempre mais
E o futuro como fica
Sem recursos naturais?
Se o planeta não for vivo
Como a gente vive em paz?

Empresas responsáveis são aquelas que se preocupam não somente com os lucros do seu negócio, mas também com uma sociedade mais justa e um meio ambiente mais sustentável, cuidando do lixo derivado dos seus produtos. Será que todas as empresas agem assim?

Para qualquer produto estar na loja da sua cidade ele precisou ser transportado e gerou a emissão de gases de efeito estufa. Ao preferir os produtos que sofreram um menor deslocamento, você vai contribuir para que os efeitos do aquecimento global diminuam. Por isso é importante pensar antes de comprar, evitando as compras desnecessárias e por impulso.

Para que comprar a dúzia
Se eu só consumo meia?
Se metade vai ao lixo,
A mãe-Terra fica feia.
Penso então em redução
E dou vida a essa cadeia.

Já está faltando espaço
Pra jogar todo esse lixo,
Se esgotarmos o planeta
Tão somente por capricho,
Todos nós ficamos mal
Homem, água, ar e bicho.

E o que é água virtual
Sobre a qual tanto falamos?
Pra fazer qualquer produto,
Muita água nós gastamos,
É o custo da água embutido
Nos produtos que usamos.

O recente conceito de água virtual representa a quantidade de água embutida nos processos de produção. Por exemplo, para colher um quilo de batata foi utilizada água na irrigação, na lavagem, no transporte etc. Esse mesmo conceito também pode ser utilizado para qualquer produto industrializado. Então, para calcularmos a quantidade de água que utilizamos por dia, não basta somarmos somente a água que bebemos com a que lavamos louça ou tomamos banho. Precisamos também incluir a quantidade de água virtual presente em tudo o que consumimos.

Se a indústria não nos diz,
Nós devemos calcular
O valor que a água tem
Quando algo eu for comprar.
Desse jeito eu escolho
Quanta água vou gastar.

Quantos litros de água eu gasto
Pra comer uma maçã?
E um bife, uma cenoura,
Um tomate, uma romã?
Se eu fizer a conta hoje
Salvo a Terra amanhã.

Veja o exemplo do conteúdo de água virtual em alguns alimentos.

Produto	Consumo de água para a produção de 1 kg de produto (em litros)*
Arroz, aveia	2.500
Banana, batata	160
Laranja	378
Tomate	105
Carne de boi	17.000
Carne de porco	5.250
Aves/Galinha	3.650
Manteiga	5.400

*Esse número é uma média e pode variar de acordo com a produção, o método de cultivo e a região.

E mudarmos nossos hábitos
É bem mais do que um palpite,
Pois a natureza é viva
E também tem seu limite,
A mudança é necessária
Pra que a paz aqui habite.

COLETA SELETIVA

A coleta seletiva
Mantém a mãe-Terra viva,
Muito linda e ativa
Para nos alimentar.
É preciso então mudar,
Embarcar nessa viagem
E fazer a reciclagem,
Pois não dá para esperar.

Os aterros e lixões
Já não têm mais condições,
Pois recebem caminhões
Com caçambas carregadas.
Sem somar as toneladas,
Repetimos velhos erros
E lotamos os aterros,
Esperanças enterradas.

Faça uma pesquisa sobre o destino do lixo da sua cidade. Será que o lixo é encaminhado para um lixão ou para um aterro? Você sabe a diferença entre os dois?

Mil vantagens vêm atrás
Quando impactos ambientais
São reduzidos demais
Na coleta seletiva.
A mãe-Terra fica viva,
Gera renda e emprego,
Com trabalho e com sossego
Para a cooperativa.

Para a Terra ser Olimpo,
Se eu tiver um lixo limpo
Como quem faz um garimpo
Eu preciso separar.
Pois não posso misturar
Com outro lixo o orgânico,
Pois a Terra entra em pânico
Quando eu não vou reciclar.

Existe algum programa de coleta seletiva na sua casa, na sua escola, no seu bairro ou na sua cidade? Faça um levantamento entre amigos e familiares e veja o que você pode fazer para informar as pessoas sobre os benefícios dessa prática.

Muitas famílias trabalham dignamente nas cooperativas de coleta seletiva, garantindo o orçamento familiar e reduzindo o número de pessoas desempregadas.

Material	Tempo de decomposição
Latinhas de alumínio	200 a 500 anos
Isopor, borracha, pneus e vidro	Indeterminado
Chicletes e filtros de cigarros	5 anos
Embalagens longa-vida	Até 100 anos
Embalagens PET, sacolas plásticas	Mais de 100 anos
Papel e papelão	Cerca de 6 meses
Plásticos (embalagens, equipamentos)	Até 450 anos

VERSOS FINAIS

DÉCIMAS

Já falei de aquecimento,
Das geleiras derretidas,
Chaminés tão poluídas
Que nos causam sofrimento.
Do ciclone violento
Que o vento forte cria
E o futuro que anuncia
Novo tempo de esperanças,
Mas depende de mudanças,
Adeus, até outro dia.

> **VOCÊ SABIA** que um litro de óleo jogado pelo ralo pode poluir até um milhão de litros de água, dificultando o abastecimento das cidades? O óleo usado deve ser separado em garrafas PET e encaminhado para os centros de coleta para a produção de sabão.

A floresta maltratada,
Desrespeito pelo bicho,
Sem cuidado com o lixo,
Água bem desperdiçada.
Consumir de forma errada
E jogar óleo na pia,
Pra chegar à harmonia,
Nós teremos que mudar
Pra mãe-Terra respirar,
Adeus, até outro dia.

Mas mudamos no passado,
Por exemplo, a escravidão,
Onde o negro era então
Amplamente humilhado:
Com chicote, torturado,
Entre dores e agonia,
Porém essa covardia
Contra o negro terminou,
Pois o mundo já mudou,
Adeus, até outro dia.

E o cigarro, antigamente,
Era um símbolo de *status*
Só fumavam os "sensatos"
De um modo livremente.
Hoje é muito diferente,
O respeito é a garantia,
Pois é muita antipatia
Fumar em lugar fechado,
Mais um passo conquistado,
Adeus, até outro dia.

Vamos juntos nessa estrada,
Sempre em busca da verdade
Para a própria humanidade
Não ser mais ameaçada,
E a mãe-Terra encantada
Respirar em sintonia
Com o homem que anuncia:
"Somos todos natureza
E unidos com certeza"
Adeus, até outro dia.

A LEITURA DE CORDEL

Nascida no interior dos estados nordestinos, a literatura de cordel é uma narrativa oral escrita em versos, e suas estrofes devem ser faladas com bastante empolgação. Experimente, recitando os versos do livro com emoção, vibrando de energia, colocando seu corpo para dizer junto com a fala. Você vai perceber que o texto ganha cor, fica lindo. É incrível como funciona.

A literatura de cordel está profundamente ligada à cantoria de viola, feita por repentistas que fazem versos improvisados ao som desse instrumento. O cordel nasceu daí, é como se fosse filho da cantoria. No começo do cordel no Brasil, lá pelos anos de 1900, muitos cordelistas eram também repentistas, e até hoje é assim. Mesmo os cordelistas que não são repentistas sabem como funciona toda a estrutura do repente.

No livro são apresentadas cinco modalidades de estrofes: sextilha, setilha, dois estilos de oitavas e a décima. Você vai se encantar com a riqueza e a variedade que elas têm. Veja a tabela.

Título	Modalidade	Número de versos	Posição das rimas	Número de sílabas
Abertura	Oitava	8	XBBCXDDC	7
Causas	Setilha	7	XAXABBA	7
Desmatamentos e queimadas, Consequência, Soluções e Consumo consciente, E na Amazônia	Sextilha	6	XAXAXA	7
Coleta Seletiva	Oitava	8	AAABBCCB	7
Versos finais	Décima	10	ABBAACCDDC	7

Considere: "X" versos livres e "A", "B", "C" e "D" versos que rimam entre si.

Quanto à métrica: Todas as modalidades apresentam a métrica de sete sílabas poéticas. É interessante notar que a contagem de sílabas poéticas é diferente da de sílabas gramaticais (nesta, contam-se todas as sílabas). Não se esqueça de que, no cordel, a contagem silábica é feita até a tônica da última palavra.

Quanto às rimas: Você vai observar que as rimas do livro são todas "perfeitas", ou seja, possuem exatamente o mesmo som, mas não necessariamente precisam ter a mesma grafia. Por exemplo, "mesa" rima com "beleza". Na literatura de cordel não são aceitas rimas com sons parecidos, como, por exemplo, "hora" com "viola" ou "café" com "mulher". É assim que manda a "tradição", que rima com "coração".

A forma tradicional de impressão do cordel é o folheto, mais ou menos do tamanho de uma folha A4, dividida em 4 partes. As capas geralmente são ilustradas em xilogravuras. Hoje em dia existem outras formas de difusão do cordel, como *sites*, livros e CDs. Mesmo com essas novas formas de impressão/divulgação, não podem faltar a métrica, as estrofes e as rimas certas.

Algumas fontes dizem que o cordel tem este nome por causa da forma como é exposto (pendurado em barbantes e vendido em feiras do Nordeste). Na verdade, esse nome e essa tradição são ibéricos e não nordestinos. Lá em Portugal eles tinham uma literatura de cordel, assim chamada por ser pendurada em barbantes. No Brasil é diferente. O povo se refere a essa manifestação como "folheto" ou mesmo "romance", que poderia ou não estar pendurado em barbantes.

Também existe outra diferença: a literatura de cordel ibérica poderia ou não ser escrita em versos, enquanto no Brasil ela é sempre escrita dessa forma.

Os temas da literatura de cordel são muito diversos e praticamente qualquer tema pode virar cordel nas mãos de um poeta habilidoso.

Entre os inúmeros assuntos tratados no cordel, os fatos ocorridos no dia a dia sempre tiveram grande aceitação das comunidades do interior do Nordeste. Neste livro, o cordel também cumpre a sua função: ajudar na transmissão do tema do aquecimento global, tão atual e importante. Para ficar mais bonito ainda, ele está todo ilustrado com lindas xilogravuras digitais.

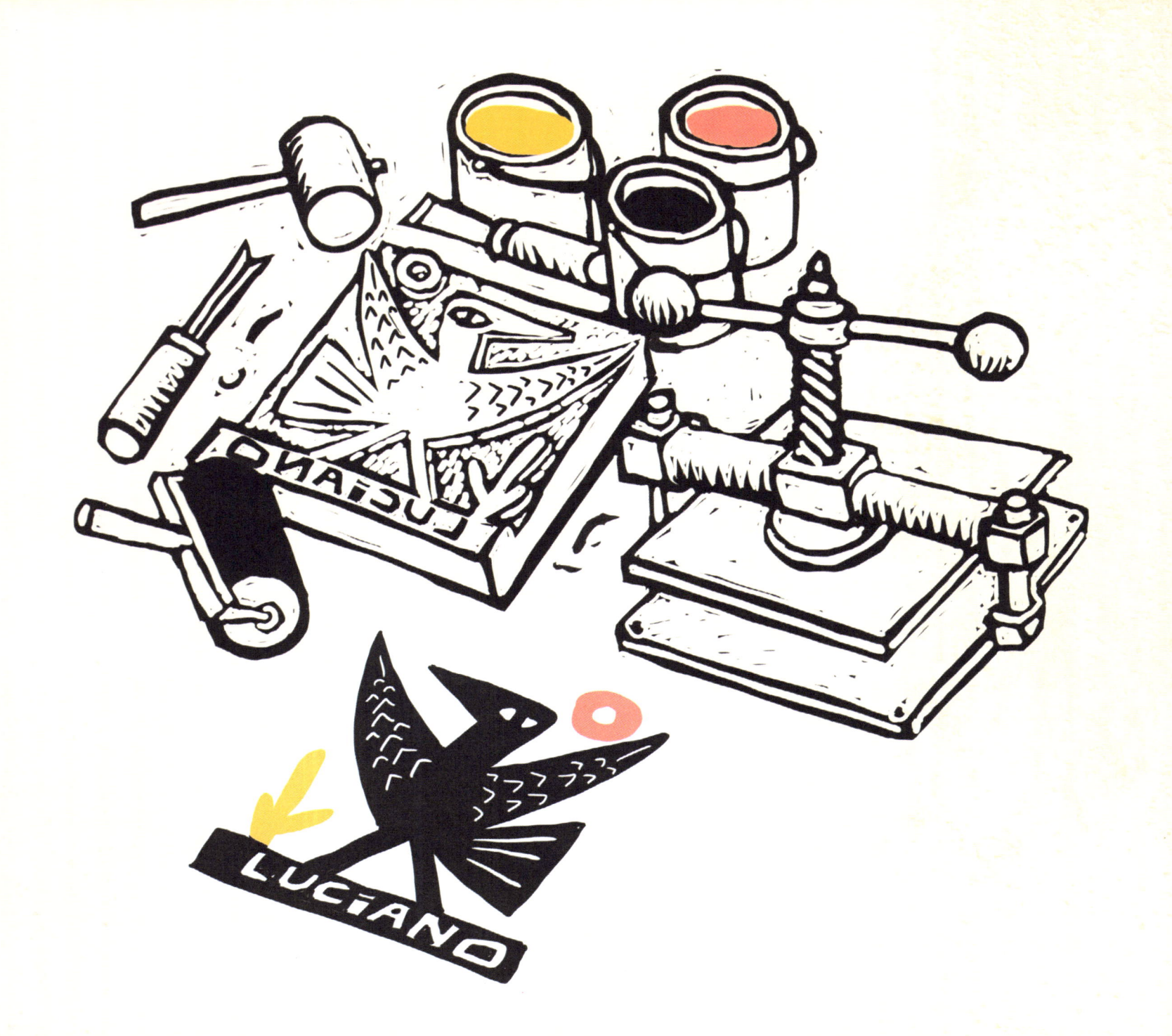

★ A XILOGRAVURA DIGITAL ★

A xilogravura é uma antiga técnica de impressão que usa o relevo da madeira entalhada para marcar o papel com tinta. É quase a mesma coisa que um carimbo, mas em vez da borracha, usa-se a madeira.

Ao entalhar uma matriz, o artesão usa ferramentas como goivas, facas, lixas etc. para retirar partes que não aparecerão. As que ficarem em relevo formarão o desenho. Também deve raciocinar a ilustração de forma espelhada, pois, assim como no carimbo, a imagem impressa sairá invertida no papel.

Outra coisa interessante é que as ranhuras da madeira acabam participando da textura do desenho. Isso acontece de forma diferente do carimbo, que tem a superfície mais homogênea.

Observando essa técnica artesanal e seus resultados impressos, procurei desenvolver um método para obter efeitos semelhantes aos da xilogravura na ilustração digital. Começando pelo desenho: em vez de usar um pincel preto para criar as formas, preenchi com cor uma grande área nas dimensões da figura e depois fui apagando o que não me interessava. Também trabalhei sobre uma imagem de madeira até conseguir isolar a textura das ranhuras, que depois apliquei sobre os desenhos.

Algumas das vantagens ao se reproduzir a arte da xilogravura com recursos digitais é que com o computador reduzimos imensamente o tempo de produção, dispensamos o uso de ferramentas, podemos usar uma infinidade de cores, além da inestimável possibilidade de voltar atrás caso tenhamos cometido algum erro – o que facilita bastante a nossa vida!

Por fim, gostaria de registrar alguns nomes consagrados dessa antiga arte. Destaco o mundialmente famoso mestre J. Borges, mestre José Costa Leite, mestre Dila e mestre Marcelo Alves Soares. Entre tantos outros, esses foram os artistas que marcaram os estilos do cordel brasileiro e para sempre inspirarão todos aqueles que prezam pela cultura brasileira, inclusive a mim!

Luciano Tasso

LEITURA EM FAMÍLIA
Dicas para ler
com as crianças!
www.modernaliteratura.com.br/
leituraemfamilia